Collection
Histoires vraies

La revanche de P'tit Louis

une histoire de forgerons

Christina ZAGAR
Eric SCHINGS

La revanche de P'tit Louis

une histoire de forgerons

Illustrations de Yves Juvin

LES ÉDITIONS OUVRIÈRES
12, avenue de la Sœur-Rosalie
75621 PARIS CEDEX 13

PARUS DANS LA MÊME COLLECTION

Le ruban noir, une histoire de tisserands
(Jean-Luc Defromont).

Le Secret du Grand Frère, une histoire de canuts
(Laurie Laufer).

La revanche de P'tit Louis, une histoire de forgerons
(Christina Zagar — Eric Schings).

Léa, le galibot, une histoire de mineurs
(Agnès Naouri).

EN PRÉPARATION

Histoire de jongleurs
Histoire de métayers.
Histoire de mousses.
Histoire de saute-ruisseau.
Histoire de dentellières.
Histoire de menuisiers.
Histoire de marmitons.

Imprimé en France Printed in France
ISBN 27082-2575-8

AVERTISSEMENT

Jadis, les enfants avaient presque tous un métier. Ils travaillaient le plus souvent avec leurs parents, à la ferme, dans les ateliers, dans les mines, sur les navires, ou dans les cirques. Dès le 19e siècle, les usines ont commencé à remplacer les petits ateliers et beaucoup d'agriculteurs pauvres sont venus travailler dans les villes, comme ouvriers. Pendant presque un demi-siècle, les enfants, eux aussi, passaient plus de dix heures par jour à accomplir des tâches pénibles et dangereuses.

Histoires Vraies est une collection de récits qui fait revivre quelques moments forts de ces enfants. On découvre au fil des narrations très vivantes et très bien documentées, que l'existence était rude et qu'il fallait se battre pour avoir des salaires justes et des conditions de travail dignes. En même temps, ces enfants ne perdaient pas le goût de rire et de s'amuser et ils savaient s'organiser entre eux aussi bien que les adultes.

Histoires Vraies est une collection de récits imaginés à partir de faits réels. Leur action se déroule dans des lieux existants, les descriptions des métiers et des conditions de vie sont le fruit d'une documentation détaillée mais toutes les personnes et les aventures ont été inventées par les auteurs. Il ne s'agit donc pas de reconstitutions, mais bien de romans historiques. Ce choix nous permet de donner une dimension plus large à la réalité de l'époque tout en créant un lien affectif et émotionnel avec nos lecteurs. Tout ce qui est raconté est vrai, a existé en France et en Europe il y a moins de cent ans, et existe encore de nos jours dans des pays en voie de développement.

François-Marie PONS
Directeur de Collection

DE RETOUR AU PAYS

Assis au milieu d'un ciel d'azur, le soleil tape sur la campagne comme un forgeron sur son enclume. Personne ici, et là personne non plus. Personne, sinon cet homme qui marche d'un bon pas, faisant crisser les cailloux de la route poussiéreuse.

Avec son chapeau de feutre, son pantalon de velours fatigué, sa grande chemise blanche fermée par une cordelette de couleur, il n'a pas l'air d'appartenir au pays. Il ne ressemble ni aux paysans ni aux ouvriers de ce petit coin de Franche-Comté.

Pourtant, il est né ici, il y a déjà bien longtemps.

Sous le soleil éclatant de ce début d'été, le casse-croûte qu'il a avalé en hâte, avant de partir, n'est déjà plus qu'un souvenir.

Alors, pour se donner du courage, il s'imagine attablé devant un rôti fumant, une tarte dorée, du pain croustillant. « Allez, se dit-il, ce n'est pas le moment de baisser les bras. Je suis presque arrivé. »

Cet homme, c'est Louis Mamet, celui que l'on appelait « P'tit Louis » aux Forges d'Audincourt. Et en cette après-midi d'août 1905, Louis revient au pays pour retrouver son enfance.

Son enfance, elle est là-bas, de l'autre côté de la colline, presque à portée de main. Encore quelques mètres..., ça y est !, Louis est en haut. Il la voit enfin cette cité, sa cité, enfermée dans ses murs de pierres et repliée sur elle-même. Un peu plus, et il sentirait la chaleur qui s'échappe de la gueule rougeoyante du haut fourneau.

C'est ici qu'il a passé toute son enfance, dans l'usine, entre les laminoirs et les cheminées. Un monde de métal et de sueur qu'il a quitté il y a bientôt cinquante ans, pour devenir compagnon-charpentier.

Louis se remet en marche. Le bruit sourd du marteau-pilon rythme ses pas. Voilà, il vient d'arriver devant le portail. Il s'arrête un instant, enlève son grand chapeau et s'éponge le front avec un mouchoir.

Pas de gardien à l'entrée. Et pourtant, il ne doit pas être loin puisqu'on entend un ronflement. Une casquette posée sur les yeux, l'homme est tout simplement en train de dormir dans l'herbe. De son temps, se rappelle Louis, c'était impossible de tromper la vigilance du gardien. Il était toujours là, à toute heure du jour et de la nuit, pour surveiller les entrées et les sorties.

Avec un sourire, Louis remet son chapeau et entre dans la cité.

Les femmes qu'il croise dans l'allée qui mène à l'usine sont toutes habillées de noir. Avec leurs robes et leurs fichus couleur charbon, on dirait une armée de fourmis. Ce sont les femmes des forgerons qui regardent Louis avec étonnement. Lui, les salue d'un grand « Bonjour ».

Des hommes, on en voit peu à cette heure de la journée. Forcément, ils sont tous à l'usine, à l'exception des voituriers qui amènent le minerai de fer et le charbon. A l'exception aussi des grands-pères, trop vieux pour travailler, et des enfants qui sourient à l'inconnu.

A droite et à gauche de l'allée centrale, il y a deux bâtiments qui n'en finissent pas, avec beaucoup de petites portes. Derrière chacune d'entre elles, vit une famille de forgerons.

Lorsque Louis était petit, lui aussi habitait dans cette cité. Aujourd'hui, il essaye de se souvenir. Malgré les années, tout lui revient en mémoire : ici, derrière cette porte, il y avait les Friot. Et là, c'était les Girardin.

Mais Louis s'est arrêté. Devant cette porte entrouverte, semblable à toutes les autres, son cœur s'est mis soudain à cogner plus fort, sa gorge s'est nouée. Les souvenirs se bousculent dans la tête du vieux compagnon. C'est ici qu'il a vécu toute son enfance. C'est là qu'habitait sa famille... Il sait bien qu'aucun des siens ne l'attend. Ses

parents sont morts il y a de longues années. Sa sœur, Lisette, s'est mariée à un vigneron et habite en Provence, au pays des grillons.

Mais c'est plus fort que lui, il veut revoir sa maison. Alors Louis s'avance tout doucement, presque sur la pointe des pieds.

Il s'apprête à frapper à la porte pour signaler sa présence, lorsqu'une femme apparaît.

« Qu'est-ce que vous faites là, que voulez-vous ?, demande-t-elle, l'air sévère. »

Louis est un peu surpris :

« Pardonnez-moi, madame, mais... je voulais revoir l'endroit où je suis né. »

— Où vous êtes né ? Vous voulez dire que vous êtes de la famille... Mamet, les anciens locataires ?, lui demande la femme.

— Oui, je suis leur fils, Louis. »

Le visage de la femme s'éclaire :

« Ça change tout, il fallait le dire tout de suite. Entrez donc, vous êtes ici chez vous. »

Et elle pousse gentiment l'homme dans la

cuisine, en l'invitant à s'asseoir. Louis s'installe sur le banc de bois, devant la table.

« Tenez, je vais vous servir un petit remontant. » La femme fait couler dans un verre un liquide transparent qui sent bon la gentiane.

« Et vous devez avoir faim », dit-elle en saisissant une miche de pain frais dans laquelle elle taille une belle tranche.

Louis, ne dit rien. Il regarde tout autour de lui. Bizarrement, presque rien n'a changé en près de quarante ans ! Les mêmes bancs, la même table, les mêmes murs blanchis à la chaux. Et surtout, comme pendant toute sa jeunesse, la même odeur de soupe aux choux — le repas du soir —, qui mijote doucement sur le fourneau. D'ailleurs, la cuisinière en fonte est toujours au même endroit.

C'est ici que sa maman préparait la cuisine, et c'est ici aussi que toute la famille se retrouvait autour de la soupière fumante, le soir, après le travail.

« Non, pense le vieux compagnon, vraiment, rien n'a changé. »

Louis est toujours perdu dans ses souvenirs lorsqu'il entend craquer l'escalier qui mène à l'unique chambre, celle où dort toute la famille.

Un garçon, à la tignasse carotte et au visage piqué de taches de rousseur, descend en boitant. Il doit avoir onze ou douze ans.

« Comment t'appelles-tu ?, lui demande Louis.

— Pierre, répond l'enfant, mais on m'appelle Pierrot.

— Eh bien, Pierrot, tu n'es pas à l'école, aujourd'hui ?

— Non, je me suis fait mal à la jambe, dit-il en montrant un gros pansement qui entoure sa cheville.

Louis fronce ses épais sourcils noirs : « C'est pas une excuse, ça. L'école n'est pas loin. Tu peux y aller même en boitant.

— A quoi ça sert ? J' suis toujours le dernier en classe, un bon à rien comme dit l'instituteur. Et puis, j'en ai assez qu'on me mette le bonnet d'âne chaque fois que je n'ai pas appris ma leçon.

— Bon à rien, c'est exactement ce que tu seras, Pierrot, si tu n'apprends pas à lire et à écrire correctement. Tu ne comprends donc pas que si tu veux devenir quelqu'un plus tard, c'est aujourd'hui qu'il faut étudier.

— Bah, de toute façon, c'est bientôt fini l'école. Encore quelques mois et j'aurai treize ans. Et là, à moi l'usine, comme les hommes.

— Petit nigaud, fait Louis. Quand j'avais ton âge, je pensais comme toi qu'être goujat était un jeu d'enfant... Eh bien, tu peux me croire, j'ai vite déchanté, parce que c'était loin de ressembler à ce que j'avais imaginé.

— Pourquoi ? Raconte...

— Non, je ne vais pas t'ennuyer avec mes souvenirs, tu n'as qu'à demander à ton père.

— S'il te plait, raconte. Mon père, il ne parle presque jamais de l'usine ; il dit toujours que j'aurai assez de temps pour savoir ce que c'est. Allez, s'il te plait...

Et comme Pierrot était têtu comme un âne, Louis finit par lui raconter comment et quand il est devenu goujat...

LA PRÉDICTION DE LA GITANE

« Je m'en souviens comme si c'était hier, et pourtant, j'avais à peine neuf ans. C'était un dimanche. On aurait dit que le bon Dieu avait voulu me faire un cadeau. Le ciel était aussi clair que l'eau de la rivière.

Pour fêter mon premier jour à l'usine, le lendemain, mon père avait invité ses amis. La table était dehors, recouverte d'une nappe à carreaux rouges. Dans toute la maison, cela sentait bon le gâteau de ménage que ma mère était en train de faire cuire, le gâteau des grands jours parce que nous n'étions pas riches. On avait même plutôt du mal à joindre les deux bouts.

J'étais fier de moi, ce dimanche-là : pour que j'aie belle allure, mes parents m'avaient acheté une nouvelle paire de sabots, pas des sabots ordinaires, mais des sabots ferrés, des vrais sabots de travailleur.

Un ami de mon papa, Jacques, qu'on appelait le Petiot parce qu'il n'avait pas beaucoup grandi, avait apporté son accordéon. Mon père et Auguste, un autre ami, martelaient la table avec leurs poings pour battre la mesure. Il y avait aussi mes tontons Raymond, qui jouait de l'harmonica, et Fernand qui était là avec sa femme et ses enfants. C'était si gai que plusieurs de nos voisins étaient venus écouter.

Il faisait une sacrée chaleur, mais il en aurait fallu beaucoup plus pour décourager des forgerons. Nous étions tous en habit de dimanche. Ils étaient un peu raides, mais ça valait la peine, parce qu'on était vraiment très élégant.

Il n'y avait vraiment que Lisette, ma petite sœur, qui faisait la tête. Restée obstinément à l'intérieur de la maison, elle était assise à côté de mon grand-père. C'était un vrai conteur, le meilleur conteur de la cité. Ce jour-là, il lui racontait l'histoire du petit garçon qui avait volé la lune, mais, Lisette ne l'écoutait pas. Je crois qu'elle rêvait, elle aussi, d'aller travailler à l'usine, de ne plus jamais retourner à l'école, où les religieuses apprenaient aux petites filles le tricot et la couture. Il y avait longtemps qu'elle priait tous les soirs pour devenir un garçon, mais ça n'a jamais marché.

Ma mère avait bien essayé de lui faire plaisir. Elle l'avait laissé porter la jolie robe achetée peu de temps auparavant à Rocco, le marchand ambulant qui passait deux fois l'an.

Mais Lisette continuait à bouder.

Moi, je trônais en bout de table avec les hommes. Auguste me donnait de grandes tapes sur l'épaule en riant : « Alors, petit, c'est demain le grand jour. »

Il voulait bien faire, mais j'en avais encore l'épaule toute rouge deux jours plus tard.

On était en train de boire le café que maman nous avait servi après le repas, quand deux gitanes sont arrivées. La veille, j'avais bien vu des roulottes de toutes les couleurs aux portes de la cité, mais je pensais qu'on leur interdirait d'entrer.

L'une d'elles s'est approchée de moi, elle avait aux oreilles de grands anneaux si dorés que ça me faisait mal aux yeux.

« Bonjour, petit homme, veux-tu me donner la main et un peu d'argent, pour que je te prédise l'avenir ? »

Evidemment, moi je voulais bien, mais mon papa, lui, n'était pas d'accord. Il a d'abord fait mine de renvoyer la gitane. Finalement, c'est maman qui a décidé : « Laisse donc, c'est pas tous les jours que mon Louis aura l'occasion de connaître son avenir... » Et elle a glissé une piécette à la femme.

La gitane a pris ma main, et a regardé longtemps les lignes. Puis elle m'a regardé et a dit d'un air mystérieux : « Tu voyageras, tu iras sur les routes et les chemins, tu connaîtras les villes et les campagnes. »

Tout le monde a éclaté de rire, et Auguste, en me montrant du doigt l'entrée des ateliers, m'a dit : « Ça oui, pour voya-

ger, P'tit Louis, tu vas voyager... jusqu'à l'usine. C'est au moins à cent mètres d'ici. »

Ce soir-là, les grands ont discuté longtemps, mais moi, j'ai été me coucher de bonne heure, parce qu'il fallait que je me lève très tôt. »

LE PREMIER MATIN

« Le lendemain matin, je me suis réveillé en sursaut. J'étais en sueur car je venais de faire un sacré cauchemar : je marchais sur une poutre, au-dessus du haut fourneau, et les autres ouvriers s'amusaient à bouger la planche pour me faire tomber. Ce n'était qu'un rêve, mais ça m'a laissé comme un nœud à l'estomac. Heureusement, maman s'est levé et elle est venue m'embrasser.

« Ne t'inquiète pas, mon Louis joli, tu verras, tout se passera bien. »

Pendant qu'elle préparait des pommes de terre au lait pour mon père et pour moi, je me suis habillé en hâte : ce n'était pas le moment d'arriver en retard. Mais lorsque j'ai voulu mettre les sabots que j'avais laissés la veille au pied de mon lit, il n'y en avait plus qu'un !

Je me suis frotté les yeux, j'ai regardé sous mon lit, mais non, je ne faisais pas un nouveau cauchemar ; il en manquait bien un. Et sans sabots, impossible de travailler.

Soudain, j'ai repensé au visage boudeur de ma sœur la veille.

« C'est sûr, c'est cette chipie de Lisette qui m'a joué un sale tour ! »

J'ai foncé sur le matelas de paille où dormait encore ma sœur, et je lui ai pincé l'oreille jusqu'à ce qu'elle soit écarlate.

« Où est mon sabot ? Où tu l'as caché ? »

Au bout d'une minute, elle a fini par avouer :

« Aïe, il est..., aïe, là, sous l'armoire », m'a-t-elle dit en pleurnichant.

A la cuisine, Papa était déjà sur le pied de guerre. Il portait une drôle de robe sombre qu'il mettait toujours pour se protéger des projections de métal, et par-dessus le tout, un tablier de cuir.

On a mangé nos pommes de terre au lait avec un lance-pierres, puis Papa a pris une rasade d'eau-de-vie. Quand il a eu le dos tourné, j'ai voulu l'imiter. Je pensais que tous les hommes devaient faire ça. Alors, j'ai débouché la bouteille et j'ai pris une petite gorgée directement au goulot. Mais c'était tellement fort que j'ai tout recraché en faisant la grimace. J'ai presque failli étouffer. La journée commençait bien !

Et nous voilà partis. Du seuil de la porte, maman nous regardait, elle avait l'air un peu triste. Moi, je ne comprenais pas pourquoi, et je lui faisais des signes de la main.

« Au revoir, ma petite maman. A ce soir !

— A ce soir, mon Louis, et fais bien attention à toi ! »

Lisette, ma sœur, avait dû avoir des remords, parce qu'elle a couru derrière nous dans sa chemise de nuit. Elle m'a embrassé et m'a souhaité bonne chance.

« Cloc, cloc », faisaient nos sabots ferrés et ceux des autres ouvriers. Car nous n'étions pas seuls à marcher dans l'allée qui menait à l'usine : dans le petit matin, il y avait beaucoup d'autres forgerons qui s'interpellaient.

« Ohé, Jacques, tu vas bien ?

— Ça va, Paul, ça va. »

On est arrivé rapidement devant le grand bâtiment gris, l'usine. J'avais souvent accompagné mon père et, d'habitude, c'est là que je le quittais, mais pas cette fois... »

P'TIT LOUIS EN ENFER

« A peine entré, j'ai immédiatement pensé à l'enfer et à la description que nous en avait fait monsieur le curé : des flammes et de la chaleur, une chaleur de plomb. C'était exactement comme ça. Il faisait si chaud que j'avais un voile de brume devant les yeux et que j'avais du mal à respirer.

Et puis, à d'autres moments, on ne voyait presque rien, c'était noir comme du charbon. Du sol au plafond, tout était recouvert d'une poussière d'encre.

« Ça va, petit ? m'a soufflé mon père.

— Ça va papa. » A vrai dire, j'étais vert de peur, mais j'aurais préféré mourir plutôt que de l'avouer à mon père. Ce qui m'a le plus effrayé, c'est le haut fourneau. De dehors, on n'en voyait que la cheminée.

Elle s'élançait vers le ciel en crachant, nuit et jour, une fumée jaunâtre. Nous, les enfants, on l'appelait la fleur de pierre.

Mais la cheminée, ce n'était qu'une petite partie du haut fourneau. La partie la plus basse, la plus mystérieuse, était cachée dans l'usine. C'était celle-là que j'avais devant les yeux. Et c'était vraiment effrayant.

Mon père m'a expliqué qu'à l'intérieur, on faisait chauffer du minerai de fer et du charbon qu'amenaient les voituriers.

« Ch, ch, ch ». Ça, c'était le bruit que faisaient les soufflets, invisibles d'où j'étais, qui entretenaient le feu, comme quand on souffle sur la braise, le matin, pour faire repartir le fourneau.

Avec mon père, on s'est un peu rapproché.

« Pas trop près, petit, m'a-t-il dit. Tu sais, ici, c'est le cœur de l'usine. Mais c'est aussi l'endroit le plus dangereux. Ça peut exploser. »

Tout autour du haut fourneau, il y avait du sable, et les trois forgerons qui travail-

laient devant creusaient maintenant des rigoles.

« Ouvre bien les yeux. Ça n'arrive que deux fois par jour. »

L'un des forgerons a alors donné un coup de pique pour casser l'argile qui bouchait le trou. Dans un nuage de fumée, j'ai vu un grand éclair blanc et une rivière d'or a coulé en glougloutant dans les rigoles. C'était magnifique et effrayant à la fois. Quand ça s'est arrêté de couler, il restait comme un lac de métal jaune qui éclairait tout l'intérieur de l'usine.

« C'est de la fonte, P'tit Louis, m'a dit mon père. Ça va se solidifier et alors, fiston, tu verras de grandes barres de métal. Tu sais comment on les appelle ?

— Non, papa.

— Des saumons, comme les poissons, à cause de leur forme allongée. »

Pendant que la fonte coulait, les soufflets s'étaient tus. Mais voilà que déjà ils reprenaient leur travail. On aurait dit le souffle terrible d'une bête malade. Et ça venait s'ajouter aux mille et un bruits de la Forge qui résonnaient dans ma tête : des bruits de marteau, des bruits de métal... Au bout d'un quart d'heure dans l'usine, j'avais l'impression que ma tête allait exploser.

En fait, j'avais peur. De plus en plus peur. Et je m'accrochais, mine de rien, à la main de mon père. Pas pour longtemps, hélas...

« Maintenant, P'tit Louis, m'a dit mon père, tu vas aller travailler comme un grand, tout seul. »

Tout seul ! Jamais je n'aurais cru qu'on allait être séparé, j'étais sûr que je travaillerais avec papa, et qu'il saurait m'aider. Et voilà qu'il m'abandonnait. Je l'ai supplié de rester avec moi, mais ce n'était pas possible.

Il m'a présenté au maître forgeron, Geoffroy, puis il est parti à l'autre bout de l'usine après m'avoir donné une petite tape sur la joue.

J'étais perdu, tout seul, dans le bruit et dans le noir.

« Suis-moi », a dit le forgeron. Et il m'a conduit jusqu'à un four. La chaleur y était

encore plus insupportable que près du haut fourneau.

Les saumons de tout à l'heure, ils chauffaient dans ce four. D'abord ils ramollissaient, puis ils fondaient. C'était comme du lait dans une casserole et un homme remuait ce métal liquide avec une grande perche. Il était presque nu, et ruisselait de sueur. C'était un travail épuisant. D'ailleurs, les forgerons qui faisaient ça se relayaient souvent.

A force d'être remué, le liquide finissait par former une pâte, comme une motte de beurre dans une baratte.

Lorsque Geoffroy l'a appelé, l'homme qui était debout devant le four s'est retourné. J'ai failli crier, tellement il était effrayant. Son visage était complètement brûlé, rouge foncé, et crevassé comme celui d'un vieillard. Il transpirait à grosses gouttes.

« Holà, Jean, j' te présente le jeune Mamet, le fils de Paul. Il travaille avec nous à partir d'aujourd'hui. »

Geoffroy m'a alors expliqué mon travail.

« Ecoute, petit, voilà ce que tu vas faire. Avec ces tenailles, tu vas prendre la loupe, c'est comme ça qu'on appelle cette grosse motte de métal pâteux, et tu la traîneras jusqu'à moi. Après, je battrai le métal avec ce marteau jusqu'à ce qu'il soit bien compact. »

Alors, pour la première fois, j'ai commencé mon travail de goujat. Les tenailles étaient très lourdes, et c'était très fatigant de tirer ce gros morceau de métal sur le sol. En plus, j'avais tout le temps peur de me faire mal, car le métal était brûlant.

Mais le plus dur, c'était encore la chaleur et la poussière. La sueur me coulait dans les yeux et le long du corps, j'étais trempé comme après un orage. Au bout de deux heures, j'ai voulu m'arrêter pour souffler un instant, mais le forgeron m'a menacé du doigt et m'a ordonné de continuer. Je lui ai dit que j'avais des ampoules aux mains et que j'avais mal aux bras, mais lui ne voulait rien savoir.

« Un goujat, ça serre les dents, alors, arrête de te plaindre et travaille ! Tu feras comme les autres, tu te reposeras à midi. »

Et midi, c'était encore très loin ! Déjà, je commençais presque à regretter l'école. L'usine, c'était beaucoup moins drôle que je l'imaginais.

Plus la matinée avançait, moins j'avais de forces et plus les masses de métal me semblaient lourdes. Alors, comme les autres forgerons, j'ai enlevé ma chemise, mais malgré ça, on aurait dit que ma peau était en feu. Je n'aurais jamais pensé que les heures pouvaient durer si longtemps.

Enfin, l'heure de la pause finit par arriver. J'étais complètement découragé et je me suis affalé par terre. Les forgerons, eux, s'étaient regroupés dans un coin de l'usine. Ils parlaient et riaient fort autour d'une bouteille de vin. Certains buvaient beaucoup.

Moi, je me sentais très seul et j'avais presque envie de pleurer. Mais comme j'étais en train de devenir un homme, je suis allé cherché ma rasse, le panier que ma mère avait apporté et dans lequel elle avait mis mon casse-croûte. Parce que c'était mon premier jour, il y avait du pain, du lard fumé, et même un gâteau aux cerises.

J'allais mordre dans mon pain quand j'ai vu un autre goujat qui me regardait avec insistance. Il était assis non loin de moi. Je me suis d'abord demandé ce qu'il me voulait. Et puis, j'ai remarqué qu'il n'avait pas de casse-croûte.

« Tu n'as rien à manger ? lui ai-je demandé.

— Non, ma mère n'a pas pu venir aujourd'hui. »

Jeannot, c'était son nom, habitait en effet avec sa mère à l'autre bout de la cité. Il était devenu le chef de famille depuis la mort de son papa, quelques mois auparavant.

« Un accident au haut fourneau, m'expliqua-t-il. Quand on l'a ramené de l'usine, il était déjà parti pour le ciel. On n'a même pas pu lui dire au revoir. » Marthe, sa maman, était couturière. Elle devait travailler dur pour élever ses cinq enfants, dont trois étaient encore dans les langes. Elle cousait le jour et souvent la nuit pour qu'ils puissent manger à leur faim.

On a partagé mon repas et mon gâteau et on a discuté ensemble. Il est devenu mon premier copain à l'usine, et on s'est donné rendez-vous à la sortie.

J'avais à peine terminé de manger que le travail a repris. Et de nouveau, la sueur, la chaleur et le bruit, pendant tout l'après-midi. J'ai cru que je n'y arriverais jamais parce que j'avais bu trop vite la gourde que m'avait donnée maman. Pendant tout l'après-midi, j'ai eu la langue sèche et râpeuse comme un vieux bout de bois.

Je n'y croyais plus, mais heureusement la fin de la journée est arrivée. En sortant de la forge, je tenais à peine sur mes jambes tellement j'étais épuisé. En plus, j'étais très déçu, parce que je pensais avoir l'argent de ma journée au fond de ma poche. J'aurais été tellement fier de le donner à ma mère. Mais Jeannot m'a expliqué que c'était mon père qu'on payerait pour tous les deux à la fin de la semaine.

A la maison, maman avait préparé spécialement une soupe au lard pour papa et moi. Mais ce soir-là, je n'ai rien pu manger. J'étais tellement fatigué que je suis monté directement dans la chambre et que je me suis endormi tout habillé. »

L'ACCIDENT

Les yeux grands ouverts, le petit Pierrot rêve tout éveillé. Il s'imagine déjà maître fondeur à l'usine, dirigeant du doigt les ouvriers et les goujats. Puis il recommence à poser des questions. Un vrai moulin à paroles, Pierrot, il veut tout savoir : comment était la Forge en 1850, quel travail faisait Louis, si c'était difficile...

« Ça oui, pour être dur, c'était dur, dit Louis. Le plus pénible, c'était la chaleur, on se serait cru dans un volcan. La sueur nous coulait à grosses gouttes dans le cou et dans les yeux, on ne voyait rien. Evidemment, nous avions toujours soif... mais pas moyen de sortir quelques minutes quand nous en avions envie, pour souffler un peu ou pour respirer quelques bouffées d'air frais. Et puis, il fallait travailler pour rien ou presque, quelques centimes par jour, à peine de quoi acheter une miche de pain. Même nos parents n'arrivaient pas à faire des économies, et à la fin de leur vie, ils n'étaient pas beaucoup plus riches qu'au début.

Et surtout, il y avait les accidents qui pouvaient te tuer en une seconde.

« Tiens, tu vois ma main ? dit Louis en montrant sa paume gauche.

La chair était rose, bizarre, comme si la peau avait fondu.

« C'est arrivé au laminoir quand j'avais douze ans, et j'en garde toujours la cicatrice. Et tu vois, si je n'avais pas eu de la chance, je ne serais sans doute pas là pour te le raconter. »

Sur ce laminoir, on fabriquait des grandes tiges de fer, grosses comme le doigt. On mettait d'abord une barre de métal dans le four et on chauffait. Au bout d'une heure, elle était assez chaude pour qu'on puisse la travailler.

On la passait alors entre deux gros cylindres de fonte, pour l'aplatir et l'allonger. Une fois qu'elle était assez fine, on la repassait entre deux autres cylindres, munis de taillands, des crans qui découpaient la plaque dans le sens de la longueur, aussi facilement qu'on découpe de la pâte à tarte avec un couteau.

Mon travail, c'était d'aider l'ouvrier qui récupérait ces tiges de fer. Il était devant, avec une grande tenaille. Moi, j'étais près des cylindres, avec un crochet, pour empêcher les tiges de tomber par terre.

Nous étions justement en train de porter une dizaine de tiges brûlantes, quand je suis tombé dans les pommes, à cause de la chaleur.

J'ai basculé en avant, sur les tiges chauffées à blanc... et j'aurais sans doute été très gravement brûlé. Peut-être même que j'en serais mort. Heureusement, un forgeron qui était à côté de moi a vu ce qui se passait. C'était un gros lourdaud, pas toujours très dégourdi, mais cette fois-ci, il a compris immédiatement ce qui allait arriver. Alors, en un clin d'œil, il m'a agrippé par le col de ma chemise et m'a tiré en arrière... J' peux dire que je lui dois une fière chandelle, car il m'a sauvé la vie. Grâce à lui, j'ai dû toucher le métal pendant une seconde ou deux, pas plus.

N'empêche, j'ai eu la main et une partie de l'avant-bras brûlés, et la blessure a mis plus de trois mois à guérir.

Ça a sans doute changé aujourd'hui, mais c'était vraiment un travail de forçats. Je me souviens que pendant tout le temps que j'ai travaillé ici, plusieurs forgerons sont morts ou ont été blessés.

Un jour, un de mes copains, qui était à côté d'un laminoir, s'est fait prendre la manche dans l'engrenage. Il a eu la main complètement écrasée avant qu'on puisse arrêter la machine. Quelquefois, quand je fais des cauchemars, j'entends encore ses hurlements, dit Louis en frissonnant.

Une autre fois, c'est le haut fourneau qui a débordé et les trois ouvriers qui travaillaient devant ont été brûlés vifs par la fonte en fusion.

Non, vraiment, c'était pas facile.

Et en plus, lorsqu'on était malade ou blessé, on ne recevait plus de salaire. Pour une famille, c'était une véritable catastrophe. Enfin, heureusement, maintenant, il y a des caisses de secours, qui donnent un peu d'argent aux malades et aux blessés, le temps qu'ils puissent guérir et retravailler. »

DES BILLES ET DES RACLÉES

« Mais tu avais de la chance, dit soudain Pierrot, qui avait de la suite dans les idées, tu n'allais pas à l'école !

— Comment ça, on n'allait pas à l'école ? Bien sûr que si qu'on y allait, après le travail, et même si on n'avait pas envie. Et tu peux me croire, ce n'était pas drôle.

— Et tu n'avais jamais envie de faire l'école buissonnière ? demanda Pierrot avec un air malicieux.

— Oh que si, plus d'une fois, fit Louis avec un clin d'œil, même qu'un soir, ça a failli mal se terminer. »

Ce jour-là, j'en avais par-dessus les oreilles de l'usine, et j'aurais donné n'importe quoi pour aller jouer dans la forêt près de la cité.

Il y avait une petite voix qui me disait : « Fais l'école buissonnière, P'tit Louis. Personne ne le saura. » Au moment où j'allais l'écouter, je me suis souvenu de ce que me disait toujours mon père : « Fiston, je veux que tu sois plus instruit que moi. » Alors, j'y suis allé quand même.

A l'intérieur de la classe, on étouffait. C'était au mois de juin et il faisait presque aussi chaud que près du haut fourneau.

La baguette du maître n'était pas magique. Elle n'arrivait pas à réveiller les enfants qui dormaient. Elle n'arrivait pas non plus à calmer ceux qui étaient énervés et qui chahutaient. Les bancs de bois étaient durs et craquaient sous le poids de ceux qui remuaient beaucoup.

J'ai fermé les yeux et j'ai fait un vœu pour que la leçon finisse le plus tôt possible. Eh bien, tu me croiras ou pas, mais c'est ce qui est arrivé.

Ne me demande pas pourquoi, mais je me souviens que l'instituteur nous a laissés partir peu après le début de la leçon de géographie.

« Vous venez les gars, puisqu'il n'est pas tard, on va aller faire un tour au bord de la rivière », a dit Jeannot. Ce soir-là, on était plusieurs : mon cousin, Yves-Marie, un grand costaud qui avait toujours une bonne raison de se bagarrer ; Jeannot ; François, le fils d'Auguste, l'ami de papa, et puis Joseph.

Joseph ne faisait pas partie de la bande, et personne ne savait vraiment qui il était. On savait simplement que ses parents habitaient la cité depuis très peu de temps et que son père travaillait à la Forge parce qu'il n'avait pas trouvé de place ailleurs.

Un signe au gardien et hop, nous étions sortis de la cité. Le ciel avait une mine plutôt maussade, et le vent faisait pencher tantôt à gauche, tantôt à droite les feuilles des arbres. Il allait certainement faire de l'orage, mais c'était tellement rare de pouvoir s'amuser le soir qu'on s'est tout de même installé là.

On a sorti nos billes, des billes en argile cuite, et on a commencé à jouer à la tocante.

Au début, on s'est bien amusé, puis le nouveau, le Joseph, a commencé à gagner toutes les parties. Ça, pour être doué, il était doué : il raflait bille sur bille. Et ça a fini par nous agacer.

« Dis donc, toi, lui a lancé Yves-Marie, qui une fois de plus cherchait un prétexte pour se bagarrer, tu as un drôle d'accent. On se demande bien d'où tu viens. »

— D'Alsace, a simplement répondu Joseph.

— Pff, je suis sûr que c'est même pas sur la carte de France. Et puis, on va pas à la messe en Alsace. En tout cas, toi, tu n'y vas jamais.

— Non, parce que je suis protestant. Je vais au temple.

— Protestant ! Hé, vous savez quoi, les gars ? a raillé Yves-Marie, mon père m'a dit que les protestants n'aiment pas Dieu, mais le diable. »

Là, Yves-Marie venait de dire un mot de trop. En plus c'était un mensonge gros comme ça. Simplement, il n'y avait que des catholiques dans la cité, et les protestants étaient mal vus.

Joseph s'est jeté sur lui et ils ont commencé à se battre, en se tirant les cheveux et en se bourrant les côtes de coups de poing. Avec Jeannot et François, on a bien essayé de les séparer, mais c'était presque impossible. Moi j'ai simplement réussi à prendre un coup de poing dans l'œil, et je crois même que c'est Yves-Marie qui me l'a donné.

A la fin, on n'était pas bien beau à regarder. Moi, j'avais un œil au beurre noir, Jeannot était couvert de poussière, et Joseph et Yves-Marie avaient déchiré leurs chemises.

Et puis, surtout, on avait complètement oublié l'heure. Il faisait presque nuit.

Nous nous sommes précipité vers l'entrée de la cité... Catastrophe !, il était plus de huit heures et demie du soir, et les grilles étaient déjà fermées.

Pour tout arranger, l'orage menaçait d'éclater.

« Qu'est-ce qu'on va prendre ! », a soufflé François. Quant à Yves-Marie, qui faisait toujours les fiers à bras, il était au bord des larmes.

Comment faire pour rentrer ? Appeler le gardien, ce n'était pas possible : s'il nous avait vu dehors à cette heure, on aurait été mis à pied pendant quatre jours. Tu te rends compte, pas de travail, et pas de salaire pendant presque une semaine...

On s'était presque résigné à dormir à la belle étoile, lorsque, soudain, derrière la grille, on a vu une ombre, une petite ombre qui nous faisait des signes.

« Ça alors !, s'est écrié Yves-Marie, regardez les gars, c'est Joseph. »

Comment avait-il bien pu passer de l'autre côté, au nez et à la barbe du gardien ? personne ne le savait.

« Allez, sois gentil, je regrette ce que j'ai dit tout à l'heure, mais dis-nous comment tu as fait pour rentrer », le supplia Yves-Marie.

— Non, je ne vous dirai rien a répondu Joseph en lui tirant la langue, vous n'avez certainement pas besoin d'un petit alsacien avec un drôle d'accent, pour vous aider.

— Allez, sois pas vache, dis-nous par où t'es passé.

— Non, c'est trop facile. D'abord vous me filez une raclée parce que je gagne aux billes, et maintenant, il faudrait que je vous aide... Et puis, de toute façon, vous êtes toujours les plus malins, vous les français, alors vous n'avez qu'à vous débrouiller tout seuls.

Mais comme il avait plutôt bon cœur, il a fini par nous montrer une brèche dans le mur, bien cachée par un buisson. On s'y est tous engouffrés.

Ouf, nous étions à l'intérieur de la cité. Et il était grand temps parce qu'à ce moment-là, il a commencé à pleuvoir à grosses gouttes.

Nous n'étions pourtant pas au bout de nos ennuis. On a tous pris une raclée pour notre retard et nos culottes déchirées. En prime, à croire que nos parents s'étaient consultés, nous avons tous été privés de sortie pendant une semaine.

N'empêche, le plus important, c'est que Joseph faisait désormais partie de notre bande.

Tu vois, Pierrot, les fessées, on les oublie, pas les copains. »

RIRA BIEN QUI RIRA LE DERNIER

Toujours assis en bout de table, au fond de la cuisine, Louis s'est arrêté de parler. Sur le buffet, il vient de remarquer une photographie encadrée. Il s'approche, plissant les yeux pour mieux discerner les détails de l'image. Il y a un homme très élégant, avec un chapeau haut de forme, et à côté de lui, un ouvrier, habillé plus simplement, avec sa casquette dans les mains.

« Celui qui a la casquette, c'est mon papa, dit Pierrot, et l'autre, c'est le dirlo.

— Le quoi ?

— Ben, le dirlo, le directeur des Forges quoi, Monsieur Boulard.

— Boulard... ? Tiens donc, mais c'est le fils de Frédéric Boulard, qui était directeur vers 1850, quand je travaillais ici, fit Louis en riant.

— Dis, pourquoi tu ris ?, tu le connais Monsieur Boulard ?, demanda Pierrot.

— Ça oui, pour le connaître, je le connais. Tous les deux, il nous est arrivé de drôles de choses, un jour de mai... attends voir, ça devait être en... 1850.

C'était pendant la fête patronale, un jour que j'adorais parce qu'il y avait des marchands forains et des vendeurs de sucre d'orge. Certaines années, on voyait même un montreur d'ours et des jongleurs. Et surtout, c'était le jour où je pouvais retrouver tous mes copains : Yves-Marie, François et Joseph.

J'attendais donc cette journée avec impatience. Le seul problème, c'est que ma mère m'obligeait à mettre mon habit de dimanche, qui était beaucoup trop petit pour moi : le bas du pantalon m'arrivait au-dessus des chevilles, et les manches dépassaient à peine les coudes. Enfin, je n'avais pas le choix. J'embrassai ma mère et filai vers la grand-place d'Audincourt.

Elle bruissait de monde, on aurait dit une vraie ruche. Rien d'étonnant d'ailleurs, car c'était le plus beau jour de l'année, le jour où chacun oubliait ses soucis. Alors tu penses bien que personne ne restait à la maison.

Les femmes étaient fières de leurs fichus de couleur, et les maris de leurs jolies forgeronnes.

Les enfants, eux, avaient l'eau à la bouche à force de regarder les sucres d'orge roses et blancs et les pommes d'amour. « Les anges en mangeraient s'ils avaient des dents », criait le marchand. Et ceux qui avaient la chance de posséder une piécette au fond de leur poche étaient bien embêtés, car ils n'arrivaient pas à se décider parmi toutes les bonnes choses qu'on leur proposait...

Au centre de la place, les chevaux de bois du manège montaient et descendaient en suivant la musique, et il y avait même un gros ours brun qui se dandinait au bout d'une chaîne. La clochette qu'il portait à son cou tintait joliment. De temps en temps, son maître le faisait même danser. Nous, on trouvait cela très drôle parce que l'ours était très maladroit.

Evidemment, mes amis étaient déjà là. Sans perdre un instant, on a alors commencé à jouer aux gendarmes et aux voleurs. On s'amusait à peine depuis une demi-heure quand, en voulant échapper à Joseph, j'ai bousculé le directeur Boulard, le père de celui sur la photo. Je me souviens bien, il a failli s'étaler de tout son long dans la poussière.

« Oh, fait Pierrot, en ouvrant tout grand la bouche, il a pas dû être content.

— Ça non, dit Louis, il n'a pas été content du tout. Il était même très en colère et m'a pris par les oreilles : « Mais qu'est-ce que c'est que ce petit garnement qui bouscule les gens sans s'excuser. Tu vas voir, je vais t'apprendre la politesse. »

Il m'a donné une gifle et s'est moqué de moi, en me traitant de péquenaud et d'épouvantail à moineaux à cause de mes

habits trop courts. Sur la place, tout le monde riait ; et moi, bien sûr, j'étais rouge de honte. Je me sentais ridicule dans mon costume étriqué.

Mais je crois que ce qui m'a le plus vexé, c'est de voir le fils et la fille du directeur rire bêtement de moi. Des vrais imbéciles, ces deux-là, toujours dans les jupes de leur mère, bien habillés, avec des friandises pleins les poches, et les jouets les plus beaux. Ils avaient à peu près le même âge que nous, mais eux, ils n'allaient pas travailler à la forge. C'est bien simple, je ne pouvais pas les sentir.

En les voyant se moquer de moi, je me suis senti vraiment humilié, et dès que le directeur m'a lâché l'oreille, j'ai décidé de me venger.

Comment, je ne le savais pas encore, mais heureusement, j'avais le renfort de toute la bande. Nous nous sommes réunis à l'écart, pour réfléchir.

« Ça y est, j'ai trouvé, fit soudain Yves-Marie, approchez-vous, voilà ce que l'on va faire... »

Quelques minutes plus tard, j'étais devant l'atelier, à l'autre bout des Forges, là où tous les outils sont soigneusement rangés. J'ai tout de suite trouvé ce que j'étais venu chercher : une scie. Comme il n'y avait personne, j'ai pas eu de mal à la décrocher et à repartir vers la place. N'empêche, je n'en menais pas large : si quelqu'un me surprenait avec la scie dans les mains, on m'accuserait de vol...

Et justement quelqu'un m'avait vu !

— Hep, P'tit Louis, qu'est-ce que tu fabriques donc avec cet outil ?, c'est certainement pas pour travailler un dimanche, déjà que tu ne fais pas grand-chose dans la semaine.

C'était le vieil Anatole, un ancien ouvrier paralysé des jambes depuis un accident, et qui passait ses journées assis devant sa maison.

— Oh, rien, bredouillai-je, c'est... euh, c'est pour le directeur, il en a besoin.

Et je partis en courant.

En fin de journée, alors que la fête se terminait, le directeur et sa famille décidèrent de rentrer chez eux. Mais, alors que les ouvriers vivaient dans les cités, la famille du directeur habitait une belle et grande bâtisse un peu à l'écart. Pour y arriver, il fallait traverser une petite passerelle en bois qui enjambait un canal d'eau stagnante, sale et pleine de grenouilles. Tous les quatre s'engagèrent en confiance sur la passerelle. A peine étaient-ils arrivés au milieu que le petit pont s'est... effondré.

Dans un gros « Plouf », toute la famille s'est retrouvée plongée dans cinquante centimètres de boue verdâtre. Quel spectacle ! il fallait voir cela, le directeur essayait de retrouver son chapeau haut de forme, sa femme criait à cause des grenouilles... Mais le plus drôle, c'étaient les deux enfants, tout fiers de leurs beaux habits il y a quelques minutes, et maintenant sales et recouverts de boue de la tête aux pieds.

Heureusement, personne ne s'est noyé : en entendant les cris, les ouvriers se sont précipités pour aider les quatre « naufragés » à regagner le plancher des vaches. Par respect, personne n'osait rire ouvertement.

Personne, sauf... nous. On était juste à côté du canal, et pour être honnête, ce n'était pas vraiment un hasard. On riait tellement qu'on en avait les larmes aux yeux.

Le seul qui a su le fin mot de l'histoire, et qui a compris qu'on avait scié aux trois quarts la poutre principale de la passerelle, c'est le vieil Anatole.

« Je le sais, expliqua Louis au petit Pierre, parce que le lendemain, lorsque je l'ai croisé, il m'a fait un clin d'œil. Et on a souri tous les deux... »

« ON FAIT PAS GRÈVE, ON BOUDE ! »

Louis, Pierrot et sa mère étaient encore en train de rire lorsqu'on frappa à la porte. C'était un forgeron à la retraite, qui habitait chez ses enfants, dans la cité.

« Bonjour m'dame Raymond, dit-il. Excusez ma curiosité, mais j'ai entendu dire qu'un compagnon venait d'arriver chez vous, et je me demandais si je ne le connaissais pas.

— Mais entrez donc, fait la mère de Pierrot, en l'invitant à s'installer dans la cuisine.

Le regard du vieux forgeron croise alors celui du vieux compagnon :

— P'tit Louis ! c'est bien toi ! Je m'en doutais. Tu ne te souviens pas de moi ?

— Nénesse ! s'exclame Louis après un instant de réflexion, mon vieil Ernest !

Les deux amis tombent dans les bras l'un de l'autre. Ils ont été goujats ensemble pendant plusieurs années, mais lorsque P'tit Louis avait quitté Audincourt, Ernest, lui, était resté à la Forge. Depuis, ils ne s'étaient jamais revus.

Ils commencent à évoquer le bon vieux temps, qui n'était pas si bon que cela, d'ailleurs. Et parmi les nombreux souvenirs qu'ils avaient en commun, il y en a un dont ils se souviennent plus particulièrement. C'est celui de la « grève »...

C'était au mois de septembre, à l'automne 1854..., le jour où Alfred avait été renvoyé de l'usine par le directeur des Forges.

Alfred était un goujat, comme eux. Ce jour-là, il venait d'être accusé de vol et renvoyé. La vendeuse du magasin d'alimentation de l'usine l'avais surpris avec une miche de pain sous sa veste, et elle l'avait dénoncé au directeur. Pourtant, on savait bien qu'il n'était pas vraiment un voleur.

S'il avait volé ce pain, c'était uniquement pour le donner à ses trois frères et sœurs. Depuis l'accident de son père au haut fourneau, Alfred était le seul à travailler, et avec juste un salaire, la famille n'arrivait pas à vivre.

A la Forge, tout le monde savait cela, même le directeur. Mais ça ne l'avait pas empêché de renvoyer Alfred, et donc de condamner toute sa famille à la misère. Alors qu'ils se dirigeaient vers l'école, après leur journée de travail, P'tit Louis et Ernest se disaient que, vraiment, les adultes étaient bien méchants.

Ils n'étaient d'ailleurs pas les seuls à trouver la décision du directeur injuste. La plupart des goujats qui, ce soir-là, attendaient dans la cour le début de l'école, discutaient avec animation de cette affaire. P'tit Louis et Ernest se mêlèrent à la conversation.

« Pauvre Alfred, disait l'un des enfants, il a fait ça parce qu'il ne pouvait pas faire autrement, mais ce n'est pas un vrai voleur.

— Oui, confirma un autre, et moi j'aurais fait comme lui si j'avais été à sa place.

— Y a pas à dire, renchérit un troisième, le directeur est vraiment un sale type. »

Cela faisait bien une demi-heure que l'on discutait, lorsque quelqu'un eut une drôle d'idée :

« On n'a qu'à pas travailler demain ! »

Tous se tournèrent vers lui, étonnés.

« Oui, réfléchissez un peu, reprit le goujat, si demain matin, on refuse de travailler, l'usine tournera au ralenti. Comme ça, si le directeur veut qu'on reprenne le travail, il sera bien obligé de réembaucher Alfred ! »

« On a toujours besoin d'un plus petit que soi », dit le proverbe, et c'était bien vrai : le lendemain ne fut qu'une longue suite de catastrophes de toutes sortes, à cause des enfants.

Près du haut fourneau, c'était une petite catastrophe. D'habitude, les goujats allaient chercher le minerai et le charbon dans la cour, puis revenaient l'apporter aux chargeurs. Or, ce jour-là, puisqu'il y avait grève, les ouvriers adultes étaient obligés de tout faire eux-mêmes : chercher le charbon et le fer dans la cour, puis monter tout en haut du haut fourneau, puis redescendre dans la cour, et ainsi de suite pendant toute la journée. Au bout de trois heures, ils étaient tellement fatigués qu'ils tenaient à peine debout.

Devant les fours, la situation était pire encore. Normalement, les enfants entretenaient le feu et ouvraient les portes pour que les ouvriers puissent retirer le fer pâteux. Comme il n'y avait plus personne, les forgerons étaient obligés d'ouvrir eux-mêmes les portes. Mais ils n'avaient pas l'habitude et se brûlaient régulièrement les doigts, en criant des gros mots. Et puis certains avaient oublié de mettre du charbon dans le feu, et les fours s'étaient pratiquement éteints : il fallait alors tout recommencer depuis le début !

C'était la même chose aux martinets. Habituellement, les goujats devaient régler le rythme de frappe des marteaux, pendant que les ouvriers, avec de grandes tenailles, retournaient en vitesse les blocs de métal chauffés à blanc. Comme les goujats refusaient de travailler, les forgerons devaient en même temps régler les marteaux, retourner le bloc de métal et le cingler, ce qui était pratiquement impossible, à moins d'avoir quatre mains. Ils perdaient du temps pour un résultat qui n'était pas très bon.

Bref, en milieu de journée, la production de la Forge avait déjà baissé de moitié, et le métal fabriqué était de si mauvaise qualité qu'il était pratiquement inutilisable. Les ouvriers adultes commencèrent à s'inquiéter : leur salaire dépendait du poids de fonte produite. Durant toute cette matinée, ils n'avaient donc pas gagné grand-chose. Et pourtant, ils avaient travaillé deux fois plus que d'habitude.

Aux martinets, Gustave, un géant qui était marteleur depuis 30 ans, se mit en colère et gifla si fort un de ses goujats qui refusait de travailler que le garçon saigna du nez. Le père du goujat, qui travaillait aussi à la Forge, apprit l'incident, vint trouver

Gustave et lui donna également une gifle : on dut finalement séparer les deux hommes qui menaçaient de se battre à coups de ringards, des grandes tiges d'acier plus lourdes que des épées de chevaliers.

Tout le monde était très énervé.

Pour éviter les bagarres, Henry, le maître-fondeur, l'un des ouvriers les plus respectés de l'atelier, se décida à aller trouver le baron Boulard pour lui expliquer la gravité de la situation.

« Il y a un problème, m'sieur le directeur, ils refusent de travailler.

— Qui, ils ?

— Les petiots, m'sieur le directeur, les goujats. Ils refusent de travailler.

— Comment ça, ils refusent de travailler ? Qu'est-ce que c'est encore que cette histoire. Non mais, qui c'est qui commande ici. »

Furieux, le directeur sortit de son bureau et se dirigea à grandes enjambées vers les ateliers. Arrivé à l'intérieur de la Forge, il vit le groupe d'une cinquantaine de goujats, dont Ernest et P'tit Louis, réunis dans un coin, et qui discutaient, les mains dans les poches.

« Remettez-vous immédiatement au travail, ou ça va chauffer pour vos oreilles », leur cria-t-il.

Les enfants baissèrent les yeux mais ne bougèrent pas le petit doigt.

« Mais pourquoi donc est-ce que vous faites grève », leur demanda le baron, de plus en plus rouge.

— On fait pas grève, répondit un des goujats, on boude !

— Vous... quoi ! vous boudez ! s'étrangla presque le directeur, vous boudez ! Et pour quelle raison est-ce que vous boudez ?

« A cause d'Alfred, répondirent en chœur les enfants. C'était pas gentil de le renvoyer. A cause de vous, toute sa famille va être dans la misère.

Stupéfait, le directeur resta quelques instants immobile, la bouche ouverte. En vingt ans de métier, c'était la première fois qu'il entendait cela : des enfants qui boudaient à cause d'un de leurs amis.

« Bon, c'est bien simple, tant que vous ne travaillerez pas, vous ne serez pas payés. Tant pis pour vous » ; et il tourna les talons.

Mais le directeur avait fait un mauvais calcul. Les enfants se moquaient de ne pas être payés, car l'argent, de toute façon, ils n'en voyaient jamais la couleur : c'était toujours leurs parents qui le recevaient. Ils ne reprirent donc pas le travail et restèrent tout l'après-midi les bras croisés, à regarder travailler les forgerons adultes.

Mais si les enfants se moquaient de leur salaire, les adultes, eux, étaient de plus en plus inquiets : la coulée du soir était d'aussi mauvaise qualité que celle du midi. Ils ne seraient donc pas payés aujourd'hui, alors que le travail avait été encore plus fatigant qu'à l'ordinaire.

Vers vingt heures, à la sortie des forges, les ouvriers se réunirent tous devant l'entrée des ateliers. Très vite, ils tombèrent d'accord : il fallait absolument que le directeur réembauche le jeune Alfred, sinon, la situation deviendrait rapidement intenable.

Comme personne ne voulait aller seul chez le baron, ils décidèrent d'y aller tous et demandèrent à monsieur le curé de parler pour eux. Le père Gaspard était un vieux curé, tout petit, mais qui n'avait peur de rien. Et tous les habitants de la cité avaient confiance en lui car dans sa jeunesse, il avait aussi été goujat à la Forge.

« Quoi encore, qu'est-ce que vous voulez », leur demanda Boulard.

— Monsieur le directeur, dit le père Gaspard, je sais que vous êtes un bon croyant, vous êtes tous les dimanches à l'office. Alors, je vous demande de pardonner au petit Alfred.

— Oui, Monsieur le directeur, ajouta un lamineur en enlevant sa casquette, il faut réembaucher le petiot, sinon on n'arrivera jamais à travailler correctement.

— Et puis aujourd'hui, on n'a pas gagné un sou, dit un autre forgeron, alors si ça doit continuer comme ça, nous aussi on va se mettre en grève. »

Le directeur n'était pas complètement stupide. Il savait qu'il n'avait rien à gagner à se fâcher avec toute la cité, et il accepta finalement de reprendre le jeune goujat.

Le lendemain, lorsqu'Alfred arriva dans l'atelier, tous ses amis l'accueillirent en poussant des « hourras » et lui tapant amicalement sur l'épaule. Ils firent même un tour d'honneur en le portant sur leurs épaules. Ils avaient gagné !

LE VOYAGEUR DU CANAL

Louis vient de terminer son histoire. Maintenant, il se tait.

« Ça fait combien de temps maintenant que tu es parti, lui demande Ernest ?

— Près de cinquante ans.

— Et pourquoi tu es parti d'ici ? demanda à son tour le petit Pierre.

Cette fois, Louis ne répond pas immédiatement. Il lui faut rechercher au plus profond de sa mémoire. Bien sûr, il sait pourquoi il est parti, mais l'expliquer à un enfant, c'est une autre affaire.

Après quelques minutes, il commença enfin à parler.

« C'était un dimanche après-midi. Il y avait de l'orage dans l'air, et j'étais parti seul pêcher au bord du canal, parce que le poisson mord toujours mieux lorsque le temps est lourd. Tout d'un coup, il a commencé à pleuvoir des trombes d'eau. Je me suis réfugié dans une vieille cabane au bord du chemin de halage, là où les conducteurs de chevaux s'arrêtaient pour manger.

J'attendais à l'abri que l'averse cesse, lorsqu'un homme est arrivé. C'était un compagnon-charpentier. Il m'a salué et m'a demandé s'il pouvait s'abriter un instant. Evidemment j'ai accepté, j'étais bien content d'avoir de la compagnie. Au bout d'un petit moment, comme la pluie ne semblait pas vouloir s'arrêter, nous avons commencé à discuter. J'étais très curieux, et je lui ai demandé d'où il venait, qui il était, quel travail il faisait, pourquoi il était ici...

— Holà ! m'a-t-il dit en riant, pas si vite, commençons par le commencement.

Et durant tout l'après-midi, il a parlé. Entre-temps, la pluie avait cessé, mais je n'avais plus aucune envie de pêcher. Ce qu'il me racontait était si nouveau, si extraordinaire. Il me disait qu'il voyageait beaucoup, qu'il était en train de faire un tour de France, pour pouvoir avoir son titre de charpentier. Il avait travaillé à Marseille, à Bordeaux, à Nantes, il connaissait même Paris ! Il y a une semaine, il avait quitté Besançon et se rendait à pied à Lyon. Moi, j'étais stupéfait, j'avais même du mal à le croire : mon père, dans toute sa vie, n'avait jamais été jusqu'à Besançon, alors Paris !

Ces villes, je les connaissais cependant par leurs noms, que j'avais vus sur la grande carte de géographie de l'école. Elles représentaient le rêve, l'aventure, beaucoup plus que notre cité où je risquais de passer toute ma vie, à travailler dans une usine sale et bruyante.

Assis à discuter, nous n'avions pas vu la nuit tomber. Tout à coup, le compagnon-charpentier regarda le ciel : « Zut, il fait presque nuit, je suis vraiment trop bavard. Allez, il faut que tu rentres chez toi, ta famille doit être inquiète. Moi, je vais dormir ici, et je repartirai de bonne heure demain matin. »

Il me serra la main. Je m'en souviens, car c'était la première fois de ma vie que quelqu'un me serrait la main, pour de vrai, comme à un grand. Et il me dit de rentrer.

Lorsque j'arrivai à la cité, mes parents me grondèrent et m'envoyèrent immédiatement au lit. Mais, une fois couché, impossible de trouver le sommeil : je repensais au compagnon, à tout ce qu'il m'avait raconté, à tout ce qu'il avait vu, à ses voyages...

Le lendemain, je me levai très tôt. Sans faire de bruit pour ne réveiller personne, je m'habillai rapidement. Arrivé dans la cuisine, je pris une demi-miche de pain, deux pommes et une gourde que j'enfournai dans un sac.

Dehors, le ciel commençait seulement à s'éclaircir.

Courant dans la brume bleue qui s'élevait du canal, j'atteignis rapidement la cabane. Ouf !, un peu plus et je le loupais, il était déjà prêt à partir.

« Mais c'est toi, P'tit-Louis ! Qu'est-ce

que tu fais là, à cette heure, et qu'est-ce que c'est que ce balluchon ?

— C'est pour partir avec toi, j'ai à manger et à boire. Je veux venir avec toi. »

Le compagnon-charpentier me regarda sans rien dire. Puis il s'accroupit, posa ses deux grandes mains sur mes épaules et mit ses yeux dans les miens.

« Mon P'tit-Louis, dit-il, tu es un brave garçon, courageux, mais je ne peux pas t'emmener avec moi, tu es encore trop petit pour voyager. Et puis, pense à tes parents, ils vont être très malheureux, tu veux vraiment partir sans les embrasser ?

Je n'avais pas pensé à tout cela, et évidemment je ne voulais pas qu'ils soient malheureux par ma faute. Mais j'avais tellement envie de découvrir le monde, tellement envie de voir autre chose...

« Ecoute, reprit le compagnon, je n'ai pas terminé mon tour de France, alors, tu sais ce qu'on va faire ? Tu vas aller à l'école, tu vas étudier. Et on va se donner rendez-vous dans quelques années. Je ne sais pas exactement quand, mais je repasserai ici, et on verra alors si tu veux toujours partir.

— C'est promis ?, demandai-je.

— C'est promis. Je te le jure. »

Et il s'éloigna. Moi, le cœur gros, je repris le chemin de la cité. J'étais triste mais je savais que je le reverrais... et j'avais raison. Dans les années qui suivirent, il revint trois fois à Audincourt ; il faisait même de longs détours pour venir et souvent il m'envoyait des lettres des villes qu'il traversait. Pas des longues lettres, mais plutôt des petits bouts de papier où il me disait de garder courage.

La dernière fois que je l'ai vu, je devais avoir seize ans. Ce jour-là, et je m'en souviens comme si c'était hier, il m'a dit :

« P'tit-Louis, le moment est venu de prendre une décision, tu es maintenant assez grand pour choisir toi-même la vie que tu veux mener. Quel que soit ton choix; rester ici ou voyager, je te souhaite bonne chance, du fond du cœur. Bien sûr, tout ne sera pas toujours aussi rose que tu le voudrais, mais si un jour tu es malheureux,

si tu perds courage, pense à moi. Et dis-toi bien qu'on n'est jamais seul quand on a des amis, même si ils sont à l'autre bout du monde ».

J'avais une si grosse boule dans la gorge que je ne pouvais plus parler. Alors, on s'est serré la main une dernière fois, et il est parti.

Je ne l'ai jamais revu.

Mais grâce à lui, ma décision était prise. L'année suivante, j'ai quitté la Forge pour devenir compagnon... et voilà, aujourd'hui je suis un vieil homme, un vieux compagnon qui a fini son voyage. J'ai connu la plupart des grandes villes, j'ai marché des milliers de kilomètres, mais avant d'être trop vieux, je voulais encore voir la maison où j'avais vécu... Voilà, tu connais toute mon histoire maintenant, Pierrot. »

Comme il se faisait tard, Ernest salua son vieil ami et rentra chez ses enfants. Madame Raymond proposa à Louis de rester ici pour la nuit. Il accepta volontiers, en précisant qu'il partirait demain à l'aube.

Effectivement, le lendemain, Louis se leva sans faire de bruit, mit une pièce d'argent sur la table pour remercier les Raymond de leur gentillesse, et sortit de la Forge.

Il marchait depuis une dizaine de minutes le long du canal, lorsqu'il entendit un bruit derrière lui. Il se retourna. Pierrot arrivait en courant, un balluchon à la main. Il s'approcha du vieux compagnon, leva les yeux vers lui et demanda : « Dis, tu m'emmènes ? »

LEXIQUE

CITÉ

La cité du 19e siècle est l'équivalent de nos H.L.M. Les ouvriers y habitent avec leurs familles, dans des logements de deux pièces : une cuisine, qui sert également à se laver, et une chambre sous les toits, où parents et enfants dorment côte à côte, sur des matelas rembourrés de paille.

Dans la cuisine, les murs sont blanchis à la chaux, et près de la hotte de la cheminée, un trou fait spécialement dans le mur permet de sécher les haricots. Sur les étagères d'une petite armoire en bois sont rangés les assiettes, les bols et les quelques ustensiles de cuisine que possède la famille.

Les ouvriers disposent quelquefois d'un petit bout de terrain qui leur permet de faire pousser des légumes. Pour laver le linge, les femmes se retrouvent au lavoir, en contrebas de la Forge : grâce aux machines à vapeur, l'eau y est en effet un peu plus chaude qu'en amont...

L'ensemble des bâtiments, les logements, l'école, le magasin, et même l'église, tout appartient au propriétaire de l'usine. Dans de nombreux endroits, notamment à Audincourt, un mur entoure l'ensemble, pour sortir, les ouvriers doivent donc passer par une entrée surveillée par un gardien. Le soir, l'entrée est fermée, comme dans une prison, et il est impossible de sortir ou de rentrer. Si malgré ces interdictions, quelqu'un ose sortir après l'heure de fermeture, et se fait attraper, il est mis à pied pendant quatre jours, la même punition que s'il avait quitté son poste de travail dans la journée.

Excepté les promenades que l'on fait le dimanche ou les jours de fête (les vacances n'existent pas, et l'on travaille toute l'année, même en été), les ouvriers et leurs familles passent donc la majeure partie de leur vie dans l'enceinte de la cité : ils y naissent, ils y jouent et surtout ils y travaillent. Plus tard, ils se marieront dans l'église de la cité, auront des enfants, et finalement mourront, peut-être dans le même logement qui les avait vus naître ! On comprend donc facilement pourquoi P'tit Louis a tellement envie de voyager...

COMPAGNON

Charpentiers, menuisiers, serruriers, tailleurs de pierre, les compagnons sont au 19e siècle des ouvriers différents des autres. Ils appartiennent tous à des sociétés de compagnonnage, sortes de sociétés secrètes, avec leurs rites, leurs lois, leurs traditions.

Chaque société a ainsi ses couleurs, ses vêtements particuliers, ses mots de passe. Un passeport secret permet même aux différents membres de se reconnaître entre eux. Et gare à celui qui trahit le secret, il pourra être condamné à mort par ses amis ! Tout compagnon a également le devoir d'entraider un collègue membre d'une même société qui a des problèmes, en lui donnant son travail s'il n'y a pas d'autres solutions. On aide également les malades et les blessés, en se cotisant pour qu'ils puissent vivre correctement le temps de se remettre sur pied. En revanche, il peut arriver que l'on se batte férocement entre sociétés rivales.

Pour devenir compagnon, le jeune apprenti, « l'aspirant », va devoir faire ses preuves : balluchon sur l'épaule, il parcourt donc la France à pied, comme va le faire notre P'tit Louis d'Audincourt, s'arrêtant quelques semaines ou quelques mois dans les villes pour y travailler. A chaque nouvelle étape, il apprend un peu plus son métier grâce aux conseils des anciens : c'est ce qu'on appelle le **tour de France,** un voyage qui dure souvent plusieurs années et qui peut représenter plusieurs milliers de kilomètres. A la fin de son périple, chaque compagnon prouve son savoir-faire en fabriquant un objet exceptionnel, c'est le chef-d'œuvre.

ÉCOLE

En 1841, une loi sur le travail des enfants oblige théoriquement les employeurs à donner un minimum d'instruction aux enfants de moins de 12 ans. Les Forges d'Audincourt ouvrent alors une école. Normalement, les leçons de calcul, de lecture et de religion doivent avoir lieu dans la journée, par tournée (pendant que certains sont en classe, d'autres travaillent, et vice versa). En fait, dans la pratique, cette loi ne sera jamais respectée : pour conserver une main-d'œuvre bon marché, la direction de l'usine ne permet aux enfants d'aller à l'école qu'après leur journée de travail, entre 19 heures et 21 heures. Evidemment, les enfants, épuisés par huit heures de travail dans la chaleur et le bruit, s'endorment sur leurs bancs d'école et n'apprennent pratiquement rien.

Bien sûr, les enfants du directeur ne sont pas obligés d'aller travailler à l'usine : eux, sauront lire et écrire...

FORGE

La Forge est en fait le terme utilisé pour désigner l'ensemble des bâtiments où l'on travaille le métal.

Le cœur de la Forge, c'est le **haut fourneau,** une immense « cuve » de plusieurs mètres de haut, construite en pierre. Par une ouverture au sommet du haut fourneau, le **gueulard,** on verse du minerai de fer et du charbon. Des grands **soufflets** en cuir, qui fonctionnent grâce à des roues à aube ou à des machines à vapeur, insufflent de l'air : la température à l'intérieur du haut fourneau dépasse alors les 1 000 degrés.

Le charbon, en brûlant, va donc faire fondre le minerai de fer, pour donner un métal que l'on appelle la **fonte :** c'est tout simplement un mélange de fer et de charbon, ou plus exactement un mélange de fer et de carbone. Cette fonte liquide et brûlante se dépose ensuite au fond de la cuve, comme au fond d'une marmite.

Il faut maintenant vider cette marmite : les ouvriers creusent d'abord des rigoles dans le sable, et, d'un coup sec, percent un trou au bas du haut fourneau. Le métal liquide s'écoule comme de l'eau dans les rigoles : c'est la **coulée,** qui a lieu deux fois par jour. Une fois cette opération terminée, on recommence à zéro, en rechargeant avec du charbon et du minerai de fer le haut fourneau vide et ainsi de suite...

Voyons maintenant ce qui arrive à cette fonte qui vient de sortir de la cuve. D'abord liquide, elle va peu à peu se refroidir pour finalement devenir solide : on obtient alors des grands lingots de fonte, les **gueuses,** que l'on surnomme les **saumons,** à cause de leur forme.

Cette fonte, on peut l'utiliser directement, pour faire des fourneaux, des radiateurs, des tuyaux. Malheureusement, c'est un métal qui convient mal à la fabrication des outils, car il casse trop facilement.

On va donc chauffer une nouvelle fois les gueuses dans de grands **fours d'affinage.** Sous l'effet de la chaleur, la fonte (un mélange de fer et de carbone, vous vous souvenez ?) va perdre une partie de son carbone. On obtient alors un nouveau métal : l'**acier,** beaucoup plus solide que la fonte. C'est avec cet acier que l'on va fabriquer des outils, des charrues, etc.

Seulement voilà, l'acier qui sort des fours n'est pas immédiatement utilisable. Il se présente sous forme de tas, les **loupes,** qu'il faut **cingler,** c'est-à-dire préparer, aplanir, étirer. Pour cela, on utilise soit des **martinets,** ou des **marteaux-pilons,** des gigantesques marteaux qui se lèvent et s'abaissent automatiquement, soit des **laminoirs,** sortes d'immenses rouleaux à tarte qui écrasent et amincissent l'acier comme une simple pâte à tarte.

On obtient alors (enfin !) des tôles, du fil ou des barres que l'on peut transformer en outils.

REPAS

Comme pour la plupart des familles ouvrières de l'époque, le pain constitue l'aliment principal des familles d'Audincourt : les deux tiers de l'argent que l'on dépense pour se nourrir servent à acheter du pain. Les ouvriers mangent également beaucoup de pommes de terre, de la viande de porc salé. Et les légumes que chacun cultive dans son jardin.

Le petit déjeuner se compose un jour sur deux de café au lait; les autres matins, on mange des pommes de terre au lait ou de la soupe. A midi, on mange encore de la soupe, avec des pommes de terre, du chou ou des haricots selon la saison. Trois fois par semaine, les dimanches, mardis et les jeudis, on y ajoute un peu de viande. Le soir, on retrouve la soupe ou les pommes de terre, ou des omelettes, lorsque les pommes de terre viennent à manquer.

VOITURIERS

Pour faire fonctionner un haut fourneau, il faut donc du minerai de fer et du charbon. Ce sont les voituriers qui s'occupent d'apporter cette matière première, la transportant dans des charrettes tirées par des chevaux. Ce sont en quelque sorte les transporteurs routiers de l'époque.

On peut également transporter des marchandises grâce à des péniches qui naviguent sur les canaux. Pour faire avancer ces péniches, on les attache à une corde et on les tire de la rive, avec des chevaux : c'est le **halage.**

FÊTES

Des fêtes, il y en avait peu dans une année de la vie d'un forgeron : Noël, le Jour de l'An, le 6 janvier pour les enfants, et la fête patronale, la plus importante. A Audincourt, elle avait lieu le premier dimanche de mai. Ce jour-là, on recevait ses parents et ses amis. La veille, chaque famille avait nettoyé de fond en comble son logement, réparé les meubles abîmés et fait la grande lessive. A midi, bien sûr, on ne mangeait pas comme tous les jours : une fois n'est pas coutume, les femmes faisaient mijoter du veau, une viande de luxe, réservée aux grands jours. Et il flottait partout une bonne odeur de gâteau, du **gâteau de ménage,** comme on l'appelait.

Les marchands ambulants, qui savaient que, ce jour-là, le porte-monnaie des forgerons s'ouvrait un peu plus facilement, venaient de loin pour vendre des meubles et des vêtements.

L'après-midi, on dansait dans la cité. On chantait aussi, et l'on buvait dans les cabarets où les hommes se retrouvaient entre eux. Après toutes ces festivités, les seules vraies de l'année, tout le monde avait droit à un jour de congé : le Saint-lundi.

Pour les enfants, et à part, bien sûr, la fête patronale, il y avait trois fêtes, toutes en hiver. A Noël, ils posaient leurs sabots lavés et propres comme des sous neufs devant la cheminée. Ils attendaient rarement des jouets ! Ils étaient heureux, si, le lendemain, ils y trouvaient une orange.

Pour le premier de l'an, ils allaient de porte en porte chanter « le bon An ». En échange, les femmes de forgerons leur donnaient une pomme, des noix, ou encore, s'ils avaient beaucoup de chance, une piécette. Le 6 janvier, ils faisaient exactement la même chose, cette fois déguisés en Rois mages.

VÊTEMENTS

De nos jours, il y a une question que nous nous posons souvent le matin : « Comment est-ce que je vais m'habiller aujourd'hui ? », une question que ne se posait jamais le forgeron. Tout simplement parce que, dans l'armoire d'une famille d'ouvriers, il n'y avait pas beaucoup d'habits : un pour aller travailler et un pour le dimanche.

Les mamans raccommodaient et reprisaient tout ce qui se déchirait parce que l'on n'avait pas beaucoup d'argent. On usait son vêtement jusqu'à la corde avant d'en acheter un autre. Les couleurs des habits étaient plutôt tristes : pas de rouge ni de jaune, mais partout du bleu foncé et du noir. Dans la cité, tout le monde se ressemblait.

Pour aller à l'église, l'hiver, le forgeron portait une veste et un pantalon de laine et de chanvre que sa femme tissait elle-même. En été, il troquait la veste et le pantalon de laine contre une blouse et un pantalon de fil, plus légers. Sur sa blouse, il enfilait un gilet.

Pour travailler, on ne faisait pas de « chichis » : une chemise rapiécée, un vieux pantalon, une vieille blouse. Sur la tête, une fidèle casquette toute défraîchie, couverte de poussière de charbon, qui avait vu des années d'usine. Tous les ouvriers qui travaillaient près du métal en fusion portaient également un **tablier** pour se protéger des projections.

Les femmes, elles, étaient toutes habillées en noir. Une robe et un fichu fanés pour la semaine, une robe et un fichu un peu plus neufs pour le dimanche !

Personne, excepté le directeur, ne portait de chaussures, beaucoup trop chères ; chacun avait tout simplement une paire de **sabots** de bois, indispensables pour aller travailler. Pour qu'ils durent plus longtemps, on mettait des morceaux de fer en dessous.

Les enfants étaient habillés exactement comme leurs parents. Et malheur à celui qui était le dernier d'une grande famille : il était sûr de porter pendant des années les vieux pantalons de ses grands-frères...

SALAIRES

2,50 francs par jour pour un homme, 1,25 franc pour une femme, 1 franc pour un enfant, voilà ce qu'on gagnait pour une journée de travail aux Forges d'Audincourt. C'est très peu par rapport à ce que l'on gagne aujourd'hui, et c'était déjà peu en 1850. A titre de comparaison, une livre (500 g.) de pain coûtait 16 centimes, une livre de bœuf 53 centimes.

A l'époque, les ouvriers n'étaient pas payés à la fin du mois, mais chaque soir, après la journée de travail. Le contremaître de la Forge payait le père pour le travail de toute la famille, y compris pour les enfants. Le salaire dépendait également du poids de fonte produite, et si par hasard, à cause d'un charbon de mauvaise qualité par exemple, la coulée était inutilisable, ils n'étaient pas payés du tout !

Evidemment, il ne fallait surtout pas tomber malade ou se blesser, car la Sécurité Sociale n'existait pas. Ceux qui devaient rester au lit pour se soigner ou pour guérir ne gagnaient rien. Pour une famille, la situation devenait alors rapidement catastrophique car on n'avait plus assez d'argent pour acheter à manger.

CATHOLIQUES ET PROTESTANTS

Les catholiques et les protestants s'entendent aujourd'hui très bien en France. En 1850, c'était loin d'être toujours le cas. Au pays de Montbéliard, la majorité des habitants était protestante... sauf aux Forges d'Audincourt, où tout le monde, patrons comme ouvriers, était catholique. Cela faisait comme un petit îlot au milieu d'une région protestante.

Alors, il arrivait parfois ce qui est arrivé à la bande de P'tit Louis et à Joseph : quand un enfant protestant rencontrait un gamin catholique, et vice versa, ils se donnaient des raclées, sans trop savoir pourquoi. Simplement parce que l'un était catholique et l'autre protestant. Chacun pensait que l'autre était de la mauvaise religion.

A l'intérieur de la cité, il n'y avait pas de vraie église, mais seulement un bâtiment de 10 mètres de long et de 5 de large, « l'Orangerie », où les ouvriers catholiques pouvaient prier...

A la grand-messe, tous les quinze jours, les enfants étaient interrogés par le curé sur leur catéchisme, devant tous les autres. Gare à ceux qui n'avaient pas appris leur leçon. D'ailleurs, pour faire leur première communion, à douze ou treize ans, les enfants devaient passer un véritable examen.

LE PAYS DE MONTBÉLIARD

Situé dans l'Est de la France, au Nord de la Franche-Comté, la région de P'tit Louis est une région montagneuse, boisée, avec parfois des vallées très encaissées. Dans une de ces vallées coule une rivière aux reflets d'émeraude, le Doubs : c'est là que se trouve la ville d'Audincourt.

Il faisait très froid en hiver dans cette région, et le thermomètre pouvait descendre parfois jusqu'à – 15 et – 20 degrés. L'eau du Doubs gelait, et les roues à aube et les machines à vapeur ne fonctionnaient plus : les ouvriers se retrouvaient alors au chômage. Les étés étaient, eux, très chauds, si chauds que parfois le Doubs était à sec. Là encore, les roues à aube et les machines à vapeur ne pouvaient plus fonctionner, et une fois de plus, les ouvriers se retrouvaient au chômage, sans salaire...

LE TRAVAIL EN EQUIPES :

Contrairement à toutes les autres usines, une Forge ne peut jamais s'arrêter de fonctionner. La raison est facile à comprendre : dans un haut fourneau, le métal est perpétuellement en fusion, liquide. Si, par hasard, le feu s'arrête de brûler, le métal va rapidement se refroidir et devenir très dur : l'intérieur du haut fourneau sera alors complètement bouché. La seule solution serait ensuite de le détruire et d'en reconstruire un autre... C'est d'ailleurs pour cette raison que, même en période de grève de tous les ouvriers, certains forgerons sont désignés pour entretenir le feu et éviter que le haut fourneau ne s'arrête complètement.

En période normale, les ouvriers travaillent donc 24 h/24 (dimanche compris), à tour de rôle, 10 à 12 heures d'affilée, certains le jour, d'autres la nuit. C'est ce qu'on appelle le travail par équipe. Evidemment, cette organisation en équipes est très fatigante, et pourtant il n'était pas rare à l'époque de voir des enfants de 13 ans travailler toute la nuit, avec seulement une courte pause pour manger...

GOUJAT

Goujat est le nom donné à tous les enfants qui travaillent dans les Forges, on dirait aujourd'hui que ce sont des apprentis. Après plusieurs années, lorsqu'ils seront devenus adultes, ils feront des travaux encore plus pénibles.

Ceux qui travaillent aux martinets (des gros marteaux qui montent et s'abaissent automatiquement), s'appelleront alors des **marteleurs,** ceux qui s'occupent des laminoirs, des **lamineurs.** Les **fondeurs,** eux, travaillent devant les fours et le haut fourneau, sous la direction d'un **maître fondeur,** l'un des ouvriers les plus qualifiés et les plus respectés de l'usine. Enfin, il y a les **chargeurs,** qui doivent approvisionner régulièrement le gueulard en charbon et en minerai de fer.

LES ENFANTS AU TRAVAIL, HIER ET AUJOURD'HUI :

En 1850, les lois concernant le travail des enfants étaient évidemment beaucoup moins sévères qu'aujourd'hui ; mais surtout, il y avait peu de moyens de les faire appliquer. Tout dépendait en fait de la bonne volonté du directeur de l'usine, qui pouvait décider pratiquement n'importe quoi. La situation sociale des enfants dépendait donc énormément de l'endroit où ils étaient nés et où leurs parents travaillaient.

P'tit-Louis, lui, n'a pas eu de chance, il est né dans les Forges d'Audincourt, l'une des usines les plus dures de toute la région. Vers 1850, 350 enfants de moins de douze ans y travaillaient (autant de filles que de garçons), alors qu'à quelques kilomètres de là, dans l'usine de Peugeot ou dans la filature Sahler, le travail des enfants de moins de 12 ans était presque complètement interdit !

Les choses ont heureusement bien changé aujourd'hui, et désormais les lois sont les mêmes dans toute la France. Pourtant, les différences existent toujours entre les pays riches et les pays pauvres : en Asie, en Afrique ou en Amérique du Sud, beaucoup d'enfants travaillent dès leur plus jeune âge. Ils n'ont pas eu la chance de naître dans un pays riche...

TABLE DES MATIÈRES

Ce livre a été réalisé à l'initiative et à partir de documentation de l'A.C.E.-M.O.

Cet ouvrage a été composé
par l'Imprimerie BUSSIÈRE
à Saint-Amand-Montrond (Cher)
en février 1989
pour les Éditions Ouvrières

N° d'édition : 4510. N° d'impression : 6792.
Dépôt légal : 1989, février.

Imprimé en France